# TÉLÉMAQUE
## DANS
# L'ISLE DE CALYPSO,
## BALLET-HÉROÏQUE,
## EN TROIS ACTES;

PAR M. GARDEL.

*Représenté pour la première fois sur le Théâtre de l'Académie de Musique, le Mardi 23 Février 1790.*

A PARIS,

On trouve des Exemplaires à la Salle de l'Opéra.

M. DCC. XC.

# PERSONNAGES.

| | |
|---|---|
| TÉLÉMAQUE. | M. VESTRIS. |
| MENTOR, | M. MILON. |
| CALYPSO, | M^lle^ CLOTIDE. |
| EUCHARIS, | M^me^. GARDEL. |
| VÉNUS, | M^me^. VESTRIS. |
| L'AMOUR, | M^lle^. ROSIÈRE. |
| LES GRACES, | M^lle^. FLORINE.<br>M^lle^. RIVIÈRE.<br>M^lle^. FANNI. |
| LEUCOTHÉ, IRCILE, } Nymphes, | M^lle^. LOUISE,<br>M^lle^. NALEY-NEUV. |

## PREMIÈRES NYMPHES.

Mlles. DELISLE, MILLIÈRE, LOUISE, NALEI-NEUVILLE, TAGLIONI.

## CORPS DES NYMPHES.

Mles. Jacotot, Léon; Bourgeois, Lily, Boilay, Buisson, Eulalie, Saint-Léger, Laurence, Mareiller l'aînée, Eugénie, Coulon 2e.; Teillier, Podeviu, Adélaïde, Albedel, Deslauriers, Serriot, Jenny, Leverd, Dejazet.

# TÉLÉMAQUE

## DANS L'ISLE DE CALYPSO.

### ACTE PREMIER.

*Le Théâtre représente une partie de l'Isle de Calypso. La mer, hérissée de rochers, forme au fond un rivage inaccessible. A gauche est une montagne qui s'etend depuis la première coulisse jusqu'à la dernière, et qui s'élève à perte de vue: elle est garnie de différends arbres, l'un d'eux est plus grand et plus haut que les autres. Sur la droite est une espèce de berceau de vignes; un banc de gazon et de roses est au-desseus.*

#### SCÈNE PREMIÈRE.

L'OUVERTURE doit peindre le sifflement des vents déchaînés, le mugissement des flots irrités, le plus affreux orage, et, par progression, le calme le plus voluptueux. Lorsque la toile se lève, on apperçoit Mentor se tenant d'une main à un rocher, et tendant l'autre à Télémaque, qui se débat dans les flots. Des débris du vaisssau, des ballots sur les eaux, des soldats lutant contre la mort, gravissant des rochers, et retombant dans l'onde, font voir les tristes effets de la plus cruelle tempête. Télémaque et Mentor, aprés s'être heureusement tirés du danger, plaignent le malheureux sort de leurs conpagnons, et cherchent à connoître le lieu où ils ont fait naufrage. Mentor ne tarde pas à voir qu'ils sont dans l'Isle de la Déesse Calypso. Il fait entendre à Télémaque qu'il seroit moins dangereux de chercher à se sauver sur quelques débris du vaisseau, que de rester dans cette Isle enchantée. Télémaque, jeune et imprudent, fait plusieurs résistances; mais Mentor l'entraîne vers le rivage, lorsque Calypso arrive, suivie de son amie Eucharis et d'une troupe de Nymphes.

---

## SCENE II.

LA Déesse paroît surprise de voir deux Etrangers dans son Isle; elle leur fait signe d'avancer, et marque la plus grande joie en reconnoissant le fils d'Ulisse, dont elle pleuroit encore la perte; elle lui donne des marques de bienveillance; elle cherche à découvrir quel est son compagnon, mais Minerve ne lui permet pas de le reconnoître. Calypso engage les deux Etrangers à aller changer d'habits, les leurs étant mouillés, et elle charge quelques Nymphes de veiller à leur toilette.

## SCENE III.

CALYPSO reste entourée de sés Nymphes, qui cherchent, par des danses agréables, à dissiper l'ennui qu'elle paroît avoir; mais ne prenant aucun plaisir à leurs jeux, elle leur ordonne d'aller tout préparer pour une fête qu'elle se propose de donner à ses hôtes; elles obéissent.

## SCENE IV.

EUCHARIS, pénétrée de la douleur qu'elle voit à son amie, s'éloigne à regret, Calypso l'apperçoit, l'appelle et la fait dépositaire de son secret, en lui peignant l'amour qu'elle à conçu pour Télémaque. Eucharis, jeune, vive et légère, n'ayant jamais connu l'Amour, cherche à la détourner d'un sentiment qui ne peut être que funeste ; elle l'engage à danser avec elle pour se dissiper, mais le trait est trop avant dans le cœur de Calypso, pour que la Déesse tente de l'en retirer. Appercevant Télémaque et Mentor, Calypso envoie Eucharis prévenir ses compagnes pour la fête, et elle se cache pour observer les Etrangers.

---

## SCENE V.

MENTOR, précédé de Télémaque, arrive, les Nymphes ont superbement habillé le jeune prince, qui ne peut se défender de s'admirer sous ce nouveau vêtement; il engage Mentor, à l'en féliciter, mais celui-ci lui fait les plus vifs reproches sur le plaisir qu'il à de se parer et le fait rougir de sa foiblesse. Alors, appercevant la Déesse, il feint de le laisser seul avec elle pour l'éprouver.

---

## SCENE VI.

CALYPSO aborde le fils d'Ulisse dans la plus grande agitation: elle cherche le moyen de lui déclarer sa passione, lle y paroît

paroît décidée, elle hésite, mais enfin elle lui fait l'aveu de son amour. Télémaque se ressouvenant des conseils de Mentor, ne répond qu'avec l'air le plus indifférent; rien ne la rebute, elle lui propose de le rendre immortel comme elle, et de regner dans son Isle; le jeune prince, flaté de la proposition, est prêt à l'accepter lorsque les Nymphes paroissent, et se préparent à commencer leurs jeux.

---

## SCENE VII.

CALYPSO, Mentor et Télémaque se placent sous le berceau qui est à droite, et plusieurs Nymphes apportent les prix destinés aux vainqueurs. Leucothoé, Ircile et Eucharis disputent le prix de la course, le but est l'arbre le plus élevé de la montagne. La jeune Eucharis, par sa légèreté, l'atteint bien avant ses rivales, et revient pour chercher le prix qu'elle a si bien mérité. Calypso charge Télémaque de le lui donner, il le porte avec empressement; mais, à la vue de cette charmante Nymphe, il sent son cœur parler pour la première fois. Etonné du sentiment qu'il éprouve, il cherche a le dissimuler à tous ceux qui l'environnent. Il se replace. Eucharis et Ircile cherchent, par leurs pas tour-à-tour vifs et légers, à mériter le prix des graces et de l'agilité. Le jeune Prince, ne pouvant se décider a accorder de prê-férence, leur donne à chacune un prix, et ne laisse, par ce moyen, aucune jalousie entre elles. Le troisième et dernier, est celui de l'arc, plus précieux pour les Nymphes que tous les autres, elles y concourent presque toutes. Une Nymphe coupe le fil qui tient l'oiseau, et pendant qu'il s'envole, Eucharis le perce et le fait tomber à ses pieds; elle reçoit de Télémaque, avec la plus grande joie, un arc et des flèches d'or, ensuite on la place à côté du jeune Prince, et les Nymphes célèbrent, par des danses variées et agréables, l'adresse et la légèreté d'Eucharis. La nuit survient troubler la fête, et force tout le monde à se retirer. Calypso fait conduire les Etrangers sur la gauche, elle, Eucharis et toute sa suite prennent la droite.

FIN DU PREMIER ACTE.

# ACTE II.

*Le Théâtre représente le jardin le plus agréable, de petites collines, des fleurs, des fontaines, des cascades le rendent pitoresque. Un grouppe d'arbres détaché des autres est sur un des côtés, et sur l'autre, l'ouverture d'une grotte, où l'on voit Télémaque endormi.*

## SCENE PREMIERE.

CALYPSO paroît, regarde Télémaque et exprime toute la passion qu'elle ressent pour lui; elle appelle ses Nymphes et leur ordonne de cueillir des fleurs pour en former une guirlande, laquelle étant faite la Déesse charge Eucharis d'en faire l'hommage de sa part au fils d'Ulisse, en ce moment il fait un mouvement qui annonce son réveil: tout le monde s'éloigne.

## SCENE II.

TÉLÉMAQUE réveillé par le bruit qu'avoient fait les Nymphes, cherche de tous côtés. Eucharis se présente; il la trouve charmante. La Nymphe lui offre la guirlande, il vole pour la prendre;

mais elle l'arrête en lui disant qu'elle vient de la part de Calypso ; alors il la refuse avec la froideur la plus marquée. Eucharis veut lui faire sentir ses torts. Télémaque lui fait entendre qu'il n'en seroit pas de même si ce présent venoit d'elle. Il veut lui parler d'amour; la Nymphe lui lance un regard plein de fierté ; il devient pressant, elle veut fuir, il prend la guirlande et l'enlace avec; elle la romp, se sauve, il la suit.

## SCENE III.

CALYPSO, témoin de cette scène, se livre au désespoir d'aimer un ingrat, elle se plaint de la rigeur de son sort, et verse des larme amères.

## SCENE IV.

UNE symphonie douce ét céleste annonce une divinité; c'est Vénus au milieu de sa cour et pleine de ressentiment du mépris que Mentor et Télémaque avoient montré pour le culte qu'on lui rendoit dans l'Isle deCypre, qui descend dans son char. Elle veut se servir de la passion de la Déesse pour se venger; elle s'approche de Calypso, qui se prosterne. Vénus la relève et lui dit que ne pouvant souffrir la froideur qu'un simple mortel montre pour une Déesse, elle vient exprès pour la consoler et la venger ; elle lui donne l'Amour, lui fait ses tendres adieux, et remonte dans l'Olympe.

## SCENE V.

CALYPSO baise le petit Dieu, le serre entre ses bras. l'Amour la questionne sur l'état de son cœur, et lui promet tous ses secours. Enfin, brûlant plus que jamais pour Télémaque, Calypso part pour le chercher, et remet entre les bras d'Eucharis qui arrive, le dépôt que Vénus lui a confié.

## SCENE VI,

EUCHARIS est enchantée de tenir ce joli enfant, elle le tourne de tous côtés, lui fait mille caresses et lui propose de danser avec elle, l'Amour feint de ne le savoir point, Eucharis lui danse un pas ; l'Amour le trouve charmant la prie de recommencer parce qu'il veut l'apprendre. Eucharis redanse son morceau et l'Amour fait toujours, après elle, les pas qu'il lui voit faire. La Nymphe est charmée des dispositions de ce joli enfant, elle le baise; mais l'Amour profite de cet instant pour percer le cœur de la Nymphe. Bientôt les forces lui manquent, elle lui fait des reproches du mal qu'il vient de lui faire; elle le menace même. L'Amour rit de la crainte qu'elle croit lui inspirer, et Eucharis pour se venger appelle ses compagnes.

---

## SCENE VII.

Les Nymphes paroissent et sont surprises à la vue de ce nouvel Étranger; voyant Eucharis, triste, elles lui demandent le sujet de son chagrin; la Nymphe se plaint de la blessure que lui a fait cet enfant. Plusieurs veulent visiter ses fléches, mais elles se piquent cruellement; les autres lui ôtent son arc et son carquois. Ensuite elles le font danser; mais l'Amour, sans être vu, ramasse une de ses flèches que les Nymphes avoient laissé tomber, et les perce toutes, jouit de leur confusion, et péndant qu'elles ont toutes leurs mains sur leur cœur, il court, chercher Télémaque et le place au milieu d'elles.

---

## SCÈNE VIII.

Les Nymphes l'entourent, le regardent

passionnément, examinent ses longs et blonds cheveux, lui font mille coqueteries, et l'engagent à danser. Eucharis prend une lyre, une autre une flûte, une troisième un cor, et se grouppant aux pieds de quelques arbres, elles forment un concert. Télémaque danse les morceaux qu'elles exécutent avec quelques Nymphes. Pendant cette scène l'Amour veut percer aussi Mentor; mais une force invisible, et qu'il ne peut concevoir, repousse toujours le trait et le lui fait échapper. Le cor se fait entendre et annonce aux Nymphes qu'il faut se préparer pour la chasse. L'Amour part le premier, et toutes les Nymphes le suivent.

---

## SCENE IX.

EUCHARIS plus amoureuse que les autres, marche plus lentement, les yeux toujours sur Télémaque, il se jette au-devant d'elle, la presse vivement, la conjure de répondre à son amour, tombe à ses pieds, et obtient enfin l'aveu du plus tendre retour.

---

## SCENE X.

MENTOR qui s'étoit éloigné et que le

bruit du cor avoit attiré, est témoin de cette scène amoureuse ; il court prévenir Calypso, croyant que le meilleur moyen de sauver le fils d'Ulisse est la jalousie de la Déesse, il l'amène au moment où les deux amans peignent leur bonheur par le pas de deux leplus voluptueux. Calypso furieuse veut se venger à l'instant, mais Mentor la retient. Eucharis et Télémaque se séparent en sepromettant amour et fidélité. Calypso est furieuse, elle ne sait si l'amour ou la haine l'emporte dans son cœur. Elle veut aller accabler Télémaque de reproches, elle veut courir après son indigne rivale, enfin elle montre la plus grande incertitude et le désespoir le plus cruel ; dans ce moment elle rencontre Mentor, elle le supplie de partir et d'emmener Télémaque. Elle le conduit à l'entrée du boisoù il doit trouver tout ce qu'il faut pour construire un vaisseau, et après avoir regardé tendrement la grotte de Télémaque, elle se retourne du côté par lequel Eucharis est sortie, et part en ménaçant les joursde la jeune Nymphe. Mentor sort en faisant voir le contentement que lui cause la réussite de son entreprise.

FIN DU SECOND ACTE.

# ACTE III.

*Le Théâtre représente la grotte d'Eucharis.*

## SCENE PREMIERE.

EUCHARIS, suivie de quelques Nymphes, entre dans sa grotte pour prendre ses habits de chasse, Vénus, l'Amour et les Graces viennent présider à sa toilette. Vénus se plaît à l'embellir de ses plus beaux ornemens, elle détache sa ceinture, et la lui met elle-même. Les Graces apportent un miroir. Eucharis se regarde, forme mille positions toutes plus agréables; elle est enchantée de se voir si bien parée, et en témoigne toute sa reconnoissance à Vénus. Pendant cette toilette les Graces, en dansant, forment différens grouppes avec leurs guirlandes, Vénus, l'Amour, les Graces et leurs suites se retirent.

## SCENE II.

LA Jeune Nymphe ne reste pas longtems seule, Calypso arrive vêtue comme Diane, et tenant un dard à sa main. Sa marche peint l'agitation que le désespoir amoureux lui fait éprouver. Elle ne voit point Eucharis, et Eucharis ne la voit point ; en marchant l'une et l'autre elles se rencontrent. Calypso recule étonnée, éblouie et indignée de la beauté de sa rivale. La jeune Nymphe, toute effrayée cherche à obtenir le pardon d'une faute involontaire; mais plus elle supplie, plus elle est belle, et plus la colère de Calypso augmente ; ce n'est plus de la colère, c'est de la rage. Elle chasse sa jeune amie et lui défend de reparoître à ses yeux. La pauvre Eucharis se jette aux pieds de la Déesse qui la repousse inhumainement; en ce moment, Télémaque arrive et la reçoit dans ses bras.

---

## SCENE III.

Sa présence, la crainte qu'il fait voir, et les marques de tendresse qu'il donne à son amante ne font qu'irriter Calypso, elle fond sur eux pour immoler sa rivale dans les bras de Télémaque qui la retient, en présentant son corps au fer meurtrier. Calypso reste immobile, sans forces, sans mouvement, son arme lui échappe. Télémaque profite de l'espèce d'évanouissement où est plongée la Déesse, pour soustraire sa chère Eucharis à son ressentiment.

---

## SCENE IV.

CALYPSO revient par gradation, ses yeux baignés de larmes se rouvrent, elle regarde de tous côtés, à peine se ressouvient-elle de ce qui vient de se passer; mais ce miroir et son dard qu'elle voit à terre, lui rendent toute sa fureur, elle se regarde et se trouve si affreuse qu'elle déchire ses vêtemens, ramasse son arme et court à la vengeance.

---

Le Théâtre change et représente une forêt [illegible] que côté, la mer au fond: on voit une mo[illegible] à plusieurs plans, qui mène par différens chemins à un grand rocher avançant dans la mer.

---

## SCENE V.

MINERVE, toujours sous la figure de Mentor, est occupée à rachever le vaisseau qui doit ramèner le fils d'Ulisse dans ses Etats: elle jouit d'avance, et brûle de prévenir Calypso de son prochain départ, elle veut sortir pour l'alér chercher, lorsque Télémaque se présente.

## SCENE VI.

Il veut conter à Mentor ce qui vient de lui arriver, mais Mentor n'écoute rien, il montre le vaisseau à Télémaque, et lui déclare qu'il faut l'y suivre. Télémaque est au désespoir, il supplie Mentor de lui accorder encore quelques jours, il le refuse, et le traite avec la plus grande rigueur. Télémaque se jette à ses pieds, les embrasse, et fait enfin tout ce qu'il croit devoir le fléchir. Le vieillard reste inéxorable, et feint d'abandonner Télémaque à son malheureux sort et de partir sans lui; cette feinte rappelle à Télémaque toutes ses vertus, il se décide à suivre celui qu'il regarde comme un second père.

## SCENE VII.

L'AMOUR qui veut empêcher ce départ, vole prévenir les Nymphes qui chassent dans la forêt, et se mettant à leur tête, un cor à la main il les fait passer devant Télémaque, dans le moment où il alloit rejoindre Mentor: sa vertu et son courage chancellent, il retourne sur ses pas, il paroît irrésolu jusqu'au moment où Eucharis lui tend les bras, alors n'écoutant plus que sa passion, il y vole, et part, sans seulement oser regarder Mentor ; celui-ci furieux suit de près la chasse qui passe à la vue des Spectateurs sur différens plans de la Montagne. On voit Télémaque et Eucharis prendre un autre chemin, et s'éloigner.

## SCENE VIII.

CALYPSO arrive toute échevelée et pleine de ressentiment. Sa démarche peint l'égarement d'une fureur jalouse, elle va, revient, court, et ne peut enfin jouir d'un moment de tranquillité, l'espoir de la vengeance la rend presque folle, elle tourne les yeux vers le rivage, apperçoit le vaisseau, tout d'un coup sa fureur se tourne en foiblesse, ses genoux fléchissent, elle recule, et tombe sur un tronc d'arbre.

## SCENE IX.

L'AMOUR vient consoler Calypso qui lui reproche d'être l'auteur de ses maux. Le Dieu pour réparer ses torts, lui propose de mettre le feu à ce vaisseau qui lui cause tant de chagrin : elle s'y refuse, et lui fait entendre qu'elle a juré de laisser partir Télémaque ; mais l'Amour qui n'a fait aucun serment, lui déclare que le vaisseau sera brûlé, et il sort,

---

## SCENE X.

La Déésse sent renaître l'espérance, et forme le projet de se servir de cet événement pour se défaire de sa rivale, pendant qu'elle y réfléchit, Télémaque et Eucharis, qui s'étoient éloignés de la chasse, paroissent.

---

## SCENE XI.

Ils sont effrayés à la vue de la Déesse, mais Calypso affecte un air de bonté et de tranquillité. Elle feint de se repentir d'un moment d'erreur; elle tend la main au couple amoureux, et lui fait croire qu'elle veut même le protéger et renoncer à Télémaque. Télémaque d'abord est très-étonné de ce changement rapide, mais étant aveuglé par sa passion, il fait mille remercîmens à Calypso. La Déesse embrasse Eucharis d'un côté et de l'autre, fait voir la vengeance prête à éclater. Calypso, pour mieux dissimuler, fait au jeune Prince le sacrifice de son amitié, et lui conseille de profiter de l'absence de Mentor pour cacher Eucharis dans son vaisseau, afin de l'emmener avec lui. Télémaque est hors de lui-même, il ne sait comment témoigner sa reconnoissance à Calypso ; Eucharis, non-moins sensible à l'amour que Télémaque, mais connoissant trop la Déesse pour ne pas se méfier de ce retour, montre quelques soupçons ; elle témoigne des regrets de quitter Calypso, elle voudroit même résister : la Déesse craignant toujours l'arrivée de Mentor, lui fait entendre qu'il n'y a pas de tems à perdre, et se joignant à l'inpatience de Télémaque, ils l'entraînent vers le rivage et l'enferment dans le vaisseau. Calypso, toujours avec une fausse douceur, engage Télémaque (afin de l'éloigner) à chercher Mentor, et de hâter l'instant de leur départ. Télémaque sort enchanté, et elle le suit avec la joie cruelle que donne le plaisir de se venger.

## SCENE XII.

L'AMOUR fidèle à sa parole, arrive à la têtede toutes les Nymphes armées de torches allumées, et vêtues comme des Bacchantes, les cheveux épars, etc. Elles dansent en bondissant, et en tournant en rond, ainsi que ces filles dansoient aux fêtes de Bacchus; elles mettent le feu à tous les coins du vaisseau, déja le flammes s'élévent jusqu'au Ciel, les nouvelles Bacchantes s'en réjouissent en continuant leur danse. Calypso, Mentor et Télémaque paroissent sur le rocher élevé dans la Mer. La Déesse peint son contentement et Mentor et Télémaque un cruel désespoir, en ce moment la pauvre victime se fait appercevoir au milieu des flammes. L'Amour qui la voit, vole sur le vaisseau, et l'enlève dans un nuage. Calypso s'arrache les cheveux, les Nymphes restent étonnées, et Mentor profitant de l'instant ou Télémaque tend les bras à Eucharis, qui s'élève, le précipite dans la Mer, s'y précipite après, et lorsque toutes les Nymphes courent vers le rivage. La toile se baisse.

*FIN.*

www.ingramcontent.com/pod-product-compliance
Lightning Source LLC
LaVergne TN
LVHW020633110826
845149LV00004B/1164
* 9 7 8 2 0 1 9 2 0 3 7 4 0 *